눈을 위한 에뛰드

눈을 위한 에뛰드

강우식 눈雪 시집

문학나무

지은이로부터 1

눈에 대한 느낌들

눈雪을 위한 시편들이다.
연작시가 아닌
편편이 다 작품으로 독립된 것이다.
눈을 위한 또 하나의 연작시집
『설연집雪戀集』하고는 맛이 다르다.
그 느낌을 같이 했으면 한다.
내가 옛날에 먹었던
길면서 짧고 달은
아이스케키 맛처럼 지은
시 조각들이다.

2025년 정결하고 찬 시의 눈사람
강老平우식處士散人

지은이로부터 2

눈보라 같은 일생

나는 일생 눈보라처럼
강렬하게 울부짖고 싸우다
순간 조용히 밤눈처럼 오는 줄도 모르게
한 세상 끝내고 싶었던 사람이다.
거기에는 어릴 때 보아온
한편의 영화가 있다.
주인공이 눈보라 속에 사랑하며 끝없이
방황하고 고뇌하는 스토리였는데
끝나고 나니 남는 건 눈보라뿐이었다.
짐승처럼 울부짖으며 달려들고
휘몰아치던 눈보라뿐이었다.
문학청년시절에 쓴 시의 한 구절.
시렁만큼 높은 곳에 마련되었을
흰 눈 같은 무명옷 한 벌.
이제 꺼내 입을 나이가 되었다.

2025년 시렁도 손에 닿아가는 늙은이
강詩人우식文博識

차례

지은이로부터 1
눈에 대한 느낌들   005

지은이로부터 2
눈보라 같은 일생   007

강설   014
겨울삽화   015
겨울잠   018
고려의 눈보라 2   020
고향 눈   022
국경에 오는 눈   025
국경의 강   027
내 고향 엄동설한   029
눈   032
눈 같은 사랑   035
눈길   037

눈길 위에서　039
눈 다음 차례로　042
눈벌판　043
눈사람　044
눈에 대한 동상이몽　049
눈에게 묻고 싶습니다　051
눈 오는 날의 삽화　052
눈이 그러하듯이　053
 눈이 내리면　056
눈이 내린다　058
눈이 녹는다는 것은　063
눈 죽음　064
마음 눈　067
만년설 2　069
무아지경 첫눈　071
밤눈　072
밥　076

백합 눈　077

봄눈　078

사랑 눈　079

싸락눈　081

설장雪葬　082

설한풍雪寒風　085

송구영신의 눈　087

신처용가　088

신혼의 눈　090

어머니　091

왕의 목련꽃 구경　093

에뛰드　095

유년의 눈　096

이별의 방식　097

첫눈　099

첫눈서정　100

첫눈의 기억　102

킬리만자로　106

함박눈　108

흰 쌀밥　109

여적

눈 같은 그리움에 대한 단견　110

지은이로부터 3

연습 아닌 연습　119

눈을 위한 에뛰드

강설

눈은 일색이다.
내 몸 같이 수족이 차디차 일색이고
순수해서도 일색이다.
가슴 속에서 잠자던
아득한 날들의 구닥다리 첫사랑도
번쩍 눈 뜨게 만든다.
새삼스럽게 내게도 사랑이 있었나
내가 나에게 놀란다.
너무 하얗고 새롭다.
돌이키고 싶지 않은 날들이다.
내가 일색이니
산과 들도 다 눈 내려 일색이다.
그 눈이 어져녹져, 어져녹져
사랑싸움하면서
봄이면 초록 싹을 틔우리라.

겨울삽화

강원도 산간에 눈이 내린다.
연곡면 삼산리 112번지
야트막한 간이역사 같은 뜨락에
매화꽃이 흩날린다.

눈이 오면 잔칫날이다.
동네아이들은 와아 아 눈 맞이하고
어머니는 부엌에서
일 년 살림 푸짐히 메주를 쑨다.
콩 익는 구수한 냄새가
눈 김이 되어 가마솥에 서리고
아궁이 한 구석에 파묻은
감자 톨들이 익는다.

콩이 익으면
어머니는 먼저 한 동이 청국장을
아랫목에 띄우시고

나는 바늘에 실을 달아
한 알 두 알 꿰어서는
눈밭에 파묻는다.
꽁꽁 얼은 콩은 겨울새들과
내가 나눠 먹는다.

식솔끼리 모여 앉은 방안
개다리소반에는
도토리묵과 김치전이 놓이고
메주를 만들다
홀쭉하면 한 저범씩 입에 넣는다.

아버지의 바깥 쇠죽가마도
눈 김이 서리면 외양간 일소에게도
간식 같은 여물이 주어진다.
소는 여물을 씹다말고
멍하니 큰 눈으로 한참을

내리는 눈을 보다 무슨 생각에선지
다시 무겁게 고개를 젓는다.
쇠코 끝에도 눈 같은 김이 서린다.
그 모습이 마치 한 해 농사를
속셈하는 아버지 같으시다.

겨울잠

온 누리에 내리는 눈은
마음의 찌든 때도 가리며 하얗게 쌓인다.
가슴속에 싹튼 모든 절망과 허물을
조용히 덮는 용서를 가진 눈이다.
눈길을 가다 졸음이 와
잠들면 죽는다는 말도 있지만
오히려 일찍 겨울잠에 들어
추위를 이기는 짐승도 있다.
해지면 자고 뜨면 일하는 본능이
우리네 사는 순리라면
동면의 유전자를 가진 곰의 잠꾸러기도
나름의 자연에 순응하는 삶이 아닐까.
사람도 다 제각각이듯이
모든 꽃들이 다 같이
봄에만 피는 것이 아니다.
겨울잠에서 깨면 꽃피고 싹트듯이
어떤 꽃들은 싹트고 나서야

꽃봉오리를 맺는다.
사람도 마찬가지다.
관습처럼 얽매이지 않고
남들과는 좀 다르게 놀고 싶을 때가 있다.
곰에게는 잠자는 긴 긴 겨울이
눈보라도 잊은 가장 행복한 시간이니라.
자고 나면 모든 게 다 해결되듯이
누에처럼 한잠자고 나면
가슴에 새싹 돋는 봄이 오리라.

고려의 눈보라 2

내 나이 30대에 노래한
고려의 눈보라는
여든 평생이 되어도 변하지 않았다.

불상놈이라는 이름으로
천민이라는 하대로
무릎을 꿇어가며 기어 살았던
내 시는 아직도 눈보라 그대로다.

높으신 어른은
장관들을 대동해 공연장에 가고
올챙이 같은 백성은 그 시각에
서해에서 북에 의해 나 몰라라 시신마저
불태워져 죽었다.

이 땅의 국민으로서
세월호로 덕을 본 그 세월호보다

더 억울하게 바다에서 죽었다.

고려에는 눈보라만 있는 것도 아닌데
나는 왜 숙명처럼 눈보라만 노래했던가.
이런 개 같은 세상에 살아야 하는 것이
너무 억울해 노래했던가.

네놈들은 잠이 오느냐
나와 이웃들
저 꼴 되지 말란 보장이 있느냐
나는 핏줄이 아파서 못자겠다.

고향 눈

1
북의 고향에 내리는 눈발 속에는
외양간의 소도 여물을 새김질하며 내지르는
음메 소리가 엄마로 들리는 정다움이 있다.
다 큰 소가 엄마를 찾기는…

마을회관에 달린 주방에선
올봄에 뜯어말린 산나물 바구니를 풀어
추념할 음식 장만에 부산하고

어른들은 도마질 소리를 들으며
얼음 동치미 국물에 말아 내오는
막국수와 김서방이 눈길을 헤쳐 잡아온
멧돼지 수육에 입맛을 다신다.

첫눈이 푸짐하면 올 한해 농사는
보나마나 풍년이라고 점치며 흥에 겨운

사람들은 신년 운수 보듯 윷판에 빠져 들고

첫눈 오는 날 입맞춤하면
왠지 떡두꺼비 같은 아들을 얻을 거 같아
이빨이 하얘지도록 칫솔질에 여념이 없는
이쁜이는 이 눈 녹으면 시집을 간다.

무언가 한가한 정적일순이면서도 부산한
마치 강아지도 좋아 춤추는
잔치 집 같은 내 고향, 무시로
향수를 자아내게 하는 고향 눈만 쌓인다.

2
나도 옛날, 옛날 연애질하던 시절에는
첫눈이 내리는 날만 손꼽아 기다렸다가
아내와 눈 같은 키스를 했지.

급속 냉동되는, 얼어 죽어도 좋은
눈 잎 하나가 꽃잎 되어 유전자처럼
살짝 입으로 들어와 녹던 키스를 했지.

그 눈 꽃잎이 어느새 세월은 흘러
신년음악회의 왈츠같이 춤추듯 내리던
사랑을 했지.

국경에 오는 눈

눈보라도 생사를 걸고
서로 싸울 듯이 휘몰아치는
국경에 밤눈이 내린다.
철조망도 추위 속에 몸서리치며
바람 따라 윙윙 우는
부엉이도 눈을 감는 세찬 눈보라다.
조상대대로 가장 살기 좋은 땅이어서
내 나라 내 조국으로 삼았던
국경의 초소도 숨을 죽인다.
이런 국경의 밤을 쥐도 새도 모르게
장날처럼 기다리던 사람들이 있다.
살기 위해 소달구지에 이삿짐을 싣고
북간도로 해삼위로 떠나야 했던
소설 속에나 나오는 '삼봉이네 집'도 아니고
이 밤도 무사히 건넜을까
시인이 마음조리며 노래한 '국경의 밤'도 아니다.
한 겨레 한 민족이면서도 분단이 되어

내가 내 조국을 버리고 떠나야 하는
기막힌 사연을 안고
국경을 몰래 몰래 넘는 사람들이 있다.
휘몰아치는 눈보라에 가쁜 숨을 맞추며
국경 저 너머 보이는 희미한 불빛을 찾아
추위도 잊고 국경을 넘어야 사는
한 민족이면서 갈라져 살아야 하는
한 맺힌 사연 많은 형제들이 있다.
그 사연을 안고 국경의 문은 닫히고
오늘도 떠날 것인가 머물러야 하나 갈등 속에
국경에 내리는 눈보라가 휘몰아치며 운다.

국경의 강

눈처럼 하얗게 파묻혔으면 추억이다.

38선을 경계로 남북이 갈리고 나서다.
사상에는 까막눈이었던 사람들도
일색이 되어 어느 한쪽에 줄을 서야했다.

북의 아버지는 국경이 세워지자
남쪽에서 공부하는 두 아들의 일 년치 생활비며
학비들 때문에 남몰래 국경의 강을 넘나들었다.

도강은 강판이 얼어붙고
칠흑의 어둠이 깃든 야삼경이 좋았다.
눈이 하얗게 쌓이면 물체가
금방 드러나 보이기 때문이다.

제비 새끼처럼 어미가 물어다주는
먹이로 연명해야 했던 두 자식들은

늘 주린 배를 안고 사는 일이 항다반사였다.

매년 한해의 겨울이 오면 이웃에게
물품을 사러 간다며 소문내고
어떡하든지 국경의 강을 건넜던 아버지.

물기 젖은 발바닥에는
사상보다 더 차갑게 얼은 자갈들이
척척 달라붙어 떨어질 줄 모르던 국경의 강.

부모나 자식들의 애타는 심정을 아는지
강은 하루가 무섭게 철조망과 보초막이 세워지고
끝내 건너지 못할 눈물의 요단강이 되어 갔다.
그러고도 강은 묵묵히 흐를 뿐이었다.

백지처럼 지우고 싶은 눈 같은 사연이다.

내 고향 엄동설한

걸핏하면 애들 장난처럼
눈이 자폭이나 쌓이고 칼 북풍이 몰아치는
내 고향 엄동설한은
사랑도 폭설 속에 갇히어
덕장의 명태처럼 알몸으로 꽁꽁 얼어 서걱거리고
또 무슨 말 못할 불륜에 몸을 태우다
마침내는 정사하고 마는 동사자도 지니고 온다.
아 춥고 무서워라. 전신주들도 설한풍 속에
톱날 연주하듯 윙윙 거리고
톱밥처럼 날리는 눈보라….
죽은 시신을 실은 마차는
드라큘라의 이빨 같은 고드름을 으적거리며
언덕 위 교회당을 외면하고
자꾸 바다 쪽으로 내달려 관 짝을
박빙의 바다에 텀벙텀벙 쓸어 넣을 것만 같아
십자가도 하나님도 죄스레 위안이 되지 않는
한 겨울 내내 온몸이 문풍지를 울리듯

저절로 부르르 몸서리 쳐지는 추위여라.
부두 거리는 비어 있고 항구에 정박한 배들은
뱃머리가 선주의 코끝처럼 얼어 있어도
설한풍 속에서도 신기하여라.
내 고향 엄동설한에는 찾는 이 하나 없어도
창밖으로 뜨거운 김을 내뿜는 찐빵 집이 있어라.
찐빵 집 옆에 꼬리곰탕 냄새도 구수한 등나무 집도 있어라.
손님이 있거나 없거나 해장국을 끓이는 할매 집도 있어라.
스산하고 을씨년스러운 항구 거리에
이따금씩 순찰하듯 나는 갈매기도 있어라.
갈매기의 나래 끝에 실린 웃는 햇살도 있어라.
보는 자는 볼 것이고 못 보는 자는 영원히 못 보리라.
영영 봄이 올 것 같지 않은 내 고향에도
확실한 약속처럼 봄이 오고 있음을

하늘도 바다같이 너무 차갑게 시푸르던 고향이래도
그 하늘 아래로 봄이 와 봄눈 녹으면
어느새 얼었던 내 가슴도 녹아내리는 고향이어라.
엄동설한이 초록냄새에 무너지는 고향이어라.

눈

하늘 주머니를 털 듯 눈이 내렸다.
흰 고요만 깔린 길에
길을 내는 것은 내 발자국이다.
고요가 있어 들리는 발소리를 새기며
그 동안 어떻게 살아오고 걸어왔는지
왔던 길을 지우고 다시 길을 간다.
순백의 눈 위를 걸으며 나는
그 고요 속에서 수시로 다가오는
흑갈색 고약덩이 빛의 끈적이는
죽음을 만나기 위해 적막을 끄집어낸다.
적막은 정결한 물빛으로 가슴을 적시지만
텅 빈 들판의 외로움이
눈처럼 깃들어 있어 너무 두렵다.
모든 것을 지워가는 죽음의 공포는
이상하게 세상 어두워 한 점 불 밝히는
따뜻한 점등도 없이 이빨이 시리도록 하얗다.
나는 그저 대자로 눈 속에 눕는다.

이 편안함은 무엇이란 말인가.
누르면 벌떡 일어날 것 같은 이 생동하는
두려움의 예감은 무엇인가.
천둥벌거숭이였던 내 알몸이 얼어간다.
얼음은 청결한 죽음과 같다.
죽음은 산자에게는 느낌이거나 관념이어서
염두에 두면 한기가 배도록 뼈가 시리다.
그것은 우리가 어찌 살아야 되는지를
자연으로 깨닫는 감각죽음으로까지 이끈다.
죽음의 길이란 내가 만드는 나의 길이니
옴짝달싹 없이 눈에 갇혀버린 날에는
그렇다 정직해지자.
죽음 앞에서 모든 사람들이 빈 털털이 듯이
눈 오다 그친 날에도 그런 것을
간혹 깨달아야 됨을 배우자.
새삼 내 나이 일흔이라 한탄치 말고
한 뭉치 눈 같은 죽음의 결백성을

이제야 겨우 깨치고 쥐게 되는 것은
고맙게 여기자.

눈 같은 사랑

여자를 만나 설연집을 쓰며
눈 같은 사랑을
한 스무 해를 했다.

내 사랑의 숨결은
내리는 눈처럼 희고 조용히
그저 쌓이는 줄만 알았었다.

봄이 오니 쌓인 눈들은 녹아
졸졸졸 실개울이 되어 노래로 흐르고
여름이면 그 물들이 넘쳐
세상천지를 물 개력 만들고
가을이면 맑고 고요히 잦아들어
하늘빛으로 일렁이고
겨울이 오면 낙상하기 알맞은
빙판이 되기도 하였다.

그것 왜 몰랐으리. 변하는
자연의 이치는 알긴 알면서도
모른 척 살았다.

내 사랑은
눈빛 순결이 아니었다.
어떤 때는 간이라도 서로 내어줄 듯
알뜰살뜰키도 했지만
많은 날들은 네 살이 내 살인 듯
무덤덤하기도 하고
더러는 이를 악물며 질척대기도 하였다.

그래도 나는 그 사랑을
아직까지도 처음 만났던 깨끗한
마음으로
눈 같은 사랑이라 부른다.

눈길

1

길이란 길은 다 덮고 길 아닌 곳에
다시 길을 만들며 눈 위에 첫 발자국을 남긴다.
내 살아온 지난 과정은 모두 눈이 되었다.
눈이 깔아준 흰 종이 같은 길에
제설차가 아닌 나만의 길을 만든다.
밟으면 마치 종이가 구겨지는 소리가 난다.
어차피 눈길을 가듯 자빠져 온 인생
한번 어떻게 되나 구겨져도 보자.

2

누가 결혼 날자를 잡았는지
참 잘 택했다.
하늘에서 눈꽃이 하염없이 피고 있다.
누군가는 지고 있다고 가슴이 무너질 것이다.
그 순결한 눈길 위에서 야수에게 뜯기듯
신부는 동백꽃보다

더 붉은 피 한 방울로 피어나리라.
살을 찢는 아픔이 기쁨이 되는
일생일대의 찰나여.
어찌 새의 지저귐 속에 지상의
봄 들녘에 피는 꽃만이 꽃이랴.
절대 무겁게 살지 마라.
부부 싸움하더라도
아픈 기쁨으로 눈꽃 웃음을 지며 다퉈라.
쓰리고 아픈 일들도
봄눈처럼 녹을 새도 없이 살아라.

눈길 위에서

눈길이란 미끄러지거나
젊었을 때는 그녀와의 데이트에서
한 번쯤 넘어져 보기도 하는 길이다.

눈길 위에서 썰매를 타듯
그녀 집으로 가고 싶네.

가는 길에 바람은
아리게 칼날을 세우고
뇌진탕 같은
한두 번쯤의 미끄러짐이 있어도
아주, 아주 다리가 부러지는
낙상이 아닌 다음에야

눈길 위에서 썰매를 타고
천방지축
그녀 집으로 가고 싶네.

〈
그 눈길이
백장미 꽃으로 가득 채워진
마치 결혼식장의 카펫 같아서
이 순간이라면
이 순간의 감격이라면
무슨 맹세인들 못하랴 싶고

설령 눈길 위에서
자주 미끄러지는 것도
초등학생의 썰매타기 정도로
즐겁게 생각하면 되지 않으리.

그녀가 손바닥을 보이며
오지 마라며 나를 막아도
그녀 앞에서
보기 좋게 미끄러져도

눈 탁탁 털며
일어나면 되지 않으리.

눈길 위에서 썰매를 타고
막무가내로
그녀 집으로 가고 싶네.

눈 다음 차례로

눈이 하늘나라에서 먼저 내리고
그다음 차례로 나는 그녀 집으로 간다.
눈이 하얀 마음으로 세상을 덮으면
나도 덩달아서 마음이 희어져서
그다음 다음차례로 그녀 집에 도달한다.
그녀의 마음도 내 다음 차례로
마음도 하얗게 깨끗해져서 보았으면 한다.
눈이 오듯이 그녀와 나 모두 하나로
조용히 하얗게 눈처럼 되었으면 한다.
눈이 오면 마음이, 마음이 온통 그리워서
차례도 없이 하얗게 무작위로 젖는다.
그녀에게 내 흰 숨결로 그녀가 있어
눈 내려 녹듯 죽고 그녀가 있어 눈처럼
그리움에 젖어 스미며 산다고 말하리라.

눈벌판

해삼위에서 시베리아 횡단열차를 탔다.
대륙을 횡단하는 급행인데도
끝도 보이지 않는 눈벌판이다.
하나님이 절기마다 가라 덮는 이불 중
아이스크림 같은 구름으로 만든
폭신폭신한 꿈같은 겨울 이불이다.
사각사각 사랑하는 사람의 집으로
내 발걸음을 옮기는 소리도 나는
끝이 없는 끝도 지적인 눈벌판이다.
끝도 모를 겨울도 한발 앞에 봄이다.

눈사람

1
하늘에서 내리는 것으로는
비와 눈이 있다. 하늘도 하늘 나름이라
초겨울 늦가을 떨어지는 나뭇잎도
하늘의 것이기는 하다.
지나는 소리 같지만 천둥, 번개도 있지.

집안 식구가 아닌 남을
나처럼 사랑하는 마음이 일어난
첫사랑 소녀 때문에
나는 떨어져 내리는 눈을 좋아 하였다.

공설운동장 옆 그녀 집 문 앞에
밤새도록 내리는 눈을 뭉쳐서
눈사람을 만들어 놓고 온 적이 있다.

누가 일러 준 것도 아닌데

왜 눈사람을 만들어 놓았을까.
내 속에 내가 아닌 또 하나의 나인
눈처럼 깨끗한 눈사람이 있어서다.

히말라야 깊은 산속에서나
내가 길을 잃고 생사를 헤맬 때
홀연히 나타나는
크고 거대한 신화 속의 설인이 있어서다.

OK 목장의 결투에 나오는 미남
게리 쿠퍼 같은, 여자들이 밤새 자며
오줌을 지린다는 게리 쿠퍼가 있어서다.

만년설로 덮인 스위스 융프라우의
설산에서 눈썰매를 타거나 스키를 타고 내려오다
눈사태 속에 죽기 직전에 기적처럼 살아나
모두에게 박수를 받는 눈 사내가 되고파서다.

〈
다 늙어 버스 지나간 뒤에
이제야 겨우 알게 되는 첫사랑 눈사람이다.

2
눈으로
사람 모양새를 만들었으니
눈사람이다.

나는 그 눈사람이 나 인양
밤새 뭉쳐서
그녀 집 앞에 세워둔 적이 있다.

누가 만들었는지 모르는
그녀는
무심히 보고 외출하겠지.

그 눈사람에는 심장이 없다.
숯검정으로 붙인 입은 있어도
심장이 쿵덕쿵덕 뛰지 못한다.

얼어붙는 것도 모르는데
나처럼 얼어붙어서
말을 못한다.

나는 내 심장까지도
그녀에게 주고 싶었지만
어떻게 주는 줄도 모르는
눈사람이 되었다.

모든 눈사람은
해빙의 봄이 오면
물이 되어 사라지리라.

나는 그 눈사람을
눈 녹은 물이 아닌 눈물로
그녀에게서 나처럼
어디론가 사라졌다고 말하리라.

눈에 대한 동상이몽

사랑방 문을 활짝 열어젖히고
'아 눈 한 번 매화꽃 벙글 듯 나려 앉네.' 하는
아버지의 속궁리는
벗 불러 술잔에 매화꽃 띄우고 마주 앉아
한담이나 즐기시며 눈 보고 싶으시고
눈이 이 집 마나님은 무얼 하시나 궁금해
부엌 쪽으로 흰 이를 드러내고 웃으며 가면
어머니는 반쯤 열린 부엌문으로 내다보며
'눈 한 번 시루떡가루처럼 푸짐히도 오네.'
가족들과 떡 추념할 생각에 젖으시네.
눈은 오는데 와서 쌓이는데
시를 쓰는 나는 생각한다는 게 제일 못 되서
고작 '천수만의 새떼처럼 까맣게 오네' 하네.
옛날에는, 옛날에는 시 안 쓰던 옛날에는
눈이 오면 나는 그저그저 순이 생각에 미쳐
내리는 눈은 보이지 않고
그저 순이 손목 끌고 눈발 속으로

어디론가 하염없이 사라지고 싶었는데
이제 다 잊어진 옛날이 되어 흥마저 사라졌으니
소시 적으로 되돌아가 가서는 초짜로
눈 맞이하는 거부터 다시 배워야겠네.
시는 작파하고 저기 저기서 다시 배워야겠네.
내리는 눈하고 제일 자연으로 가까운 것은
늦둥이 동생이어서 그저 눈이 좋아
삽살개와 마당을 마구 휘 접고 뛰 놀며
아무런 궁리도 없이
세상몰라라 하는 눈과의 하나 됨에서부터
차차로 하나씩 하나씩 다시 터득해야겠네.

눈에게 묻고 싶습니다

눈에게 묻고 싶습니다.
이 세상에 새 여자 어디 있습니까.
당신이 느닷없이 와서 웁니다.
옛 여자는 죽었고 눈은 오는데
방은 차디찹니다.
온기 없는 사랑이 이러할까요.
눈길에 파묻혀서 길을 잃었는지
이 세상에 새 여자가 어디 있습니까.
있어도 소용없습니다.
그저 조용히 내리는 눈처럼
슬픔에 묻히고 싶기 때문입니다.

눈 오는 날의 삽화

꽃피는 춘삼월이면 다 토설할 수 있는 얘기인데도 아직 발설 못하고 간직한 사연이다. 중3 때였다. 함박눈이 내리고 있었다. 나는 마음으로 좋아하는 음악선생과 학교의 복도를 걸어가고 있었다. '우식아! 밖에 눈 오네. 눈 좀 봐라.' 유리창 밖에는 정말 처음 보는 것처럼 새롭새롭 눈이 왔다. 아, 오던 눈도 사람 따라 이렇게 새롭게 오는구나. 나는 그저 좋고도 부끄러워 미처 눈 구경도 못하고 고개 푹 숙이고 개미소리로 '네' 하고 대답했다. 가슴이 울려서 인지 내 목소리가 텅텅 복도 끝까지 울리는 것만 같았다. 눈바람 속에 유리창이 여리게 떠는 소리도 내 대답으로 들려 갑자기 속내를 들킨 아이처럼 얼굴이 홍당무가 되었었다. 죄진 것도 없이 선생님 옆을 걸어가며 움츠려들었다. 나는 그날부터 이날 입때까지 눈은 텅텅 가슴을 울리며 오는 것으로 알고 있다.

눈이 그러하듯이

눈이 내리면 눈이 그러하듯이
어머니의 품처럼 나를
포근히 감싸 주었던 여자.

기다린다는 것은
약속한 첫눈이 오기까지 보고파도
눈 질끈 감고 손꼽으며 참겠다는 것이다.

내일 비록 밑 빠진 독이 될지라도
만나는 그 순간을 위해
사랑이라면 무슨 그리움인들 못 채우리.
채우면서 기다리리.

우리들 사랑의 맹세도 영원하라고
눈 위에 서로의 손바닥을
서약처럼 찍었던 그녀.

눈이 내려서 눈이 내려와 덮여서
이별인 줄도 모르게
그 손자국도, 손때 묻은 사랑도
어느덧 눈이 그러하듯이
하얗게 지워지고 숨결처럼 사라지고

내가 사는 한 운명 같은 겨울이 나에게
눈이 그러하듯이
다시 올 것을 또 참으며 기다린다.

거딜 난 삶이더라도 그대의 눈동자를
가슴에 별처럼 담으며
눈이 하얗게 얼다 녹듯이
누구도 막을 수 없는 사랑을 해야 한다.

사랑은 한번 싹 트고 잎 돋으면
철새도 못 넘을 수천만 척 높이의

철벽이 세워져도

갑자기 십자가가 하나 생겨나

기꺼이 순교자처럼 목숨도 바치니까.

눈이 내리면

눈이 내리면
가슴에 눈 발자국만 남기고 떠나간
사랑의 아픔. 누군가
쓸쓸히 휘파람 불며 달래고 있다.

눈이 내리면
폭설처럼 휘몰아치다 잠잠해지듯
차가운 울음. 누군가
어깨를 들먹이며 흐느끼고 있다.

눈이 내리면
사랑한다는 말이 눈처럼 겹겹 쌓여
눈사태 슬픔. 누군가
눈꽃 한 잎마다 다는 사연 애틋타.

눈이 내리면
눈빛처럼 순결한 마음으로 시를 쓰듯

떠나간 사랑. 누군가
곱게, 곱게 모아 덮어주고 있다.

아- 눈이 내리면, 눈이 내리면….

눈이 내린다

1

눈이 내린다.
누군가 이런 날에
사랑하는 사람을 보내는
섭섭함으로
한 줄의 시를 쓰고 있다.

눈이 내린다.
누군가 이런 날에
낮은 목소리로
눈, 입에 닿듯
휘파람을 불고 있다.

눈이 내린다.
누군가 이런 날에
폭설처럼 휘몰아치다
잔잔히 그치듯

어깨를 들먹이고 있다.

눈이 내린다.
누군가 이런 날에
창가에 서서
아-하고 지나간 그림자이듯
떠오르는 추억들을
가볍게 지웠다
살뜰히 살리고 있다.

이렇게
이렇게
점
점
눈이 내린다.

눈꽃

한 닢 한 닢마다
사설을 달며
매화 꽃잎 지듯 하늘하늘
눈이 내린다.

2
없으면 못 살 듯이 날 사랑하던 주인은
무따래기가 되어 집도 팔고
나도 떼놓고 버스를 타고 떠나갔다.

하루아침에 유기견이 된 개가 운다.
정류장에 버스가 서면
마중 갔다가 쓸쓸히 돌아서길 반복하며
단풍잎 핏빛으로 가을을 토한다.

사람은 버리는데 이골이 나고
개는 버린 주인이 정 들었다고 못 잊는데

인이 배겼다.

더 이상 찾지 못하도록 무인낙도에
개라고 버려지면 길이 없다 없으면서도
갯바위 위에서 이제나 저제나
주인을 기다리다 목이 메어
그리움을 뱉지도 못하고 죽는 개도 있다.

하지만, 하지만 개나 사람이나 뭐가 다르랴.
반려견과 더불어 생사를 같이하고자
국경을 넘은 탈북민도 있고
악어에 물린 강아지를 살리고
자기 목숨은 물속에 버린 사람도 있다.

개나 사람이 한 지붕 하늘 아래인 세상에
이제 시무時務 7조의 눈이 내린다.
진인塵人 아닌 진인眞人같은 참눈이 내린다.

〈

사람이 되어 파산하듯이 살지 말라고
높은 눈 미천한 눈 없이 일색으로 내린다.
눈은 언제 보아도 정신 하나만은 살아있는
좌빨도 동사凍死시킬 겨레의 눈이다.
그 눈이 강골의 이빨을 갈며 눈보라가 되어 운다.

눈이 녹는다는 것은

깊은 산골짜기 움푹 파인 곳일수록
웬일인지 눈이 많이 쌓인다.
적설의 눈들이 자연의 조화처럼
흰 팬티를 벗듯 스르르 녹아내린다는 것은
겨울 내내 얼어 뭉쳤던 찬 가슴이
마침내는 사랑으로 풀리어
졸졸 노래하며 냇물로 흐른다는 뜻이다.

눈 죽음

가진 것 무엇이든지
다 내려놓고 싶은 저녁
폭설로 내리던 눈이
거인처럼 잠들어버린 벌판을 나선다.

세상은 죽은 듯이
고요만 깔려 있을 뿐 길이 없다.
없는 길에 길을 만드는 것은 내 발자국이다.
고요가 있어 들리는 발소리를 새기며
그 동안 어떻게 살아오고 걸어왔는지
왔던 길을 지우고 길을 낸다.
그 길의 고요 속에서
나를 만나기 위한 적막을 끄집어낸다.
적막은 물빛처럼 환하게 다가와 가슴을 적시지만
텅 빈 들판 같은 외로움이 깃들어 있어
쓸쓸하고 외롭다는 것이 눈처럼 너무 하얗다
눈처럼 이빨이 시리도록 하얗다.

한 점 불빛도 없이 하얗다.
나는 그저 대자로 눈 속에 눕고 싶어 눕는다.
천둥벌거숭이였던 내 알몸이 얼어간다.
쓸쓸함이란 한기가 배도록 뼈가 시린 것이다.
그 느낌은 우리가 어찌 살아야 되는지를
자연으로 깨닫는 죽음으로까지 이끈다.

죽음이 길이란 내가 만드는 처음의 길이니
그렇다. 눈이 내린 날에는 정직해지자.
죽음 앞에서 모든 사람들이 정직해지듯이
눈 오다 그친 날에는 그런 것도
간혹 깨달아야 됨을 배우자.

새삼 내 나이 일흔에 이르러서야
눈 한 뭉치 같은 죽음의 결백성을
이제야 겨우 쥐게 되는 것은
너무 늦은 것이 아닌가.

그래도 늦게나마 깨달음을 고맙게 여기자.

마음 눈

7, 8월 삼복더위에도 이 땅에는
지구의 어느 한 모서리처럼
어떤 사람들은 마음이 춥거나 눈이 내린다.

전선이 아니더라도
멀리 떨어져 있는 사람이면 누구에게나
언 발을 가슴에 묻고 녹여줄 그리운 이처럼
엽서 한 장이라도 받고 싶은 날에
일자무소식처럼 하얗게 눈이 내린다.

내리는 눈은 뒤돌아서 가는 임의
그 발자국을 따를 수 없어 그저 서서 보기만 하는
백치의 그리움이다.
가는 자는 떠나서 영영 돌아오지 않는
하얗다 까매진 전사자의 사망 통지서다.

기다리는 사람도 없는데 괜스레

문밖에 서서 기다리게 만드는 눈이여.
눈은 왜 녹아서 물이 되는 줄 아는가.
낙수 지어 흐르는 눈물이 되는 줄 아는가.

가슴을 칠흑으로 깜깜하게 만들었다가
석 달 열흘간 하얗게 탈색되어
텅 빈 허공 천지이던 날이 며칠이던가.

사랑하는 사람과의 잊지 못할 약속을
쌓여도 쌓인 줄 모르는 잊어야 할 시간처럼
나는 이제 지웠노라고 말하고 싶은
말하고 싶은 마음 눈이 내린다.

만년설 2

천산산맥의 만년설 중에는
아주 차갑고 쌀쌀한 내 애인같이
만년을 토라질 듯 행세치 아니하고
아무도 몰래 살짝 물이 되어 녹아서
따가운 햇살 아래 증발하지 아니하고
타클라마칸 사막의 팍팍한 땅 아래로 스며
왜 있지 않은가 시집간 처녀가
첫날밤 소피보는 소리로 소피보는 소리로
잘잘 졸졸 흐르는 눈이 있다.
나는 그것을 물보다는
땅으로 흐르는 눈이라 부른다.
그 눈에 안 보이게 흐르는 물을
아주 옛날부터 사람들은 어찌 알았는지
사람이 귀신이어서
맛있는 음식점이나 소문난 집들은
귀신보다 먼저 알아서 개미처럼 모여들 듯이
땅에 피리 구멍 같은 구멍을 뚫고

그 구멍에서 노랫가락으로
흐르는 물을 퍼내어 목도 추기고
나무도 심고 사람 목숨을 이어가게 하는
도저히 사람살 수 없는 타클라마칸에서도
사람들이 물 하나를 믿고 사는
하늘이 주는 눈이자 눈이 눈으로
얼지 아니하고 녹아서 물인 것을 보았다.
사람의 품성이 보이지 않게 녹아서
저 같아야 됨을 나는 알았다.

무아지경 첫눈

누가 보거나 말거나
무아지경에 빠져 춤추듯 내린다.
저런 자아도취가 아니었으면
어찌 한 줄의 시라도 써 왔으랴.
첫눈이 갓 태어난 시와 같다.
아니 시를 기다리는 내 마음 같다.

밤눈

1

말끝마다 팔짱을 끼고
자작나무 숲길을 걷고 싶다며
첫눈이 오길
손꼽아 기다리며 보채는 그녀.

늙었지만
가타부타 실토도 못하는
아직은 멋도 낭만도 다 잊고 사는
싱겁팔이로 비치기가 싫은 나에게

눈이여, 그녀가 잠든 사이에
밤손님처럼
몰래 와 줘서 고맙다.

2

오호츠크 해의 하늘을 덮은

출구 없는 폭탄 저기압이다.
바다도 얼고 항구의 배들도 감옥살이다.

밤눈으로 시작한 눈이 낮으로
낮이 또 밤으로 몇날 며칠을
한파 폭설에 끝없는 눈보라다.

옛사람들은 눈 온 다음 날은
날씨가 풀려 따뜻하다고 했는데
사내의 수도꼭지는 동파직전이다.

눈이 오면 만나자 한 부동항이던
그녀의 따뜻한 자궁도 얼어
눈이 와서 오히려 올 수 없다.

눈이 녹은 길은 이내 빙판이 되고
하나님도 낙상하는 하루다.

너도 넘어지고 나도 넘어지는 세상이다.
눈이 너무 와도 걱정 안 와도 걱정이다.

모처럼 홀아비 궁상 덜어볼까 이발을 해도
흰 눈의 백발만 늘은 게 보이고
눈이 왜 오는지 모르듯이 나도
왜 늙는지 먹통인 세상사다.
그저 쌓이기만 하는 밤눈이 밉다.

3
마지막 떠나면서 얼굴이나
한번 보려 왔는데 가슴에 쌓인
말 한마디도 뱉지 못하고

그녀가 내 집 문밖까지
왔다 간, 갔다 간 되돌아서서 떠난
발자국마다 밤눈이 쌓여

하얗게 지워졌네.

일각이 여삼추인 나의 사랑도
밤눈처럼 까맣게 잠이 들고
그녀는 흰 눈처럼 뜬눈으로 하얗게 새워
세상은 환한 대낮처럼 무변천지가 되었네.

밤눈은 밤눈도 밝은지
길 없는 길을 찾아
하얗게 잘 쌓이기도 하더니만

가슴의 한도 소리 없이 뱉기 보다는
밤눈처럼 고스란히 다 덮자며 무한으로 나리네
얼어가는 아픔이 녹기까지는
이 꽁꽁한 굳은 겨울이 참 길어지겠다.

밥

흰 눈은 내리는데
꽁꽁 언 주먹밥 한 덩이를 먹으며
흰 밥처럼 눈물을 쏟았다.

어머니가 차려주는 뜨신 밥은
그리웁지만
먹어도 그만 안 먹어도 그만

소식 끊긴 고향의 어머니는
흰 머리칼이 얼마나 세졌는지
울컥 입에 문 밥알을 눈처럼 뿌렸다.

백합 눈

나는 아직 미성년자처럼
여물어 피지 않은
백합 한 송이를 꺾어놓고
그 미숙하고 순결한 꽃송이가
속살을 보일 날을 기다린다.
언제 문이 열리며 필까 말까
줄까 말까 하던 그녀가
순결한 살을 드러내며
하얗게 면사포 같은
꽃눈으로 오기를 기다린다.

봄눈

겨울보다 더 겨울답게
자 폭이나 눈이 왔다.
봄눈이라선지
녹는 것도 어느새 녹는지
스르르, 스르르 봄잠 쏟아지듯이
꾸벅 거리며 녹았다.
겨울 내내 냉기류 돌던
내 여자도 풀려 봄 개울 흐르듯
졸졸 소피보는 봄이면 좋겠다.

사랑 눈

눈이 내리네.
너와 나의 인연만큼
사랑, 사랑, 사랑 눈이 내리네.
살랑, 살랑, 살랑 눈이 쌓이네.

너의 입에서 가늘게 새는
눈안개 같은 입김.
그 날숨이 내게로 와
어느새 나의 들숨으로 녹고

내가 쉬는 날숨은 네에게 가
나도 모르게 너의 들숨이 되어
우리는 하나의 눈뭉치가 되네.
사랑, 사랑, 사랑 눈이 쌓이네.

너를 향한 내 그리움은 찬바람 속에서도
눈사람이 되어 사랑의 문을 지키고

늬가 키워온 사랑은 별이 되어
네 눈동자 속에 빛나는 걸 나는 보네.

나를 한없이 들뜨고 설레게 하는
사랑하는 이 순간만큼은
나는 순결하게, 하얗게 죽어도 좋아,
그냥 이대로 얼어붙어 죽어도 좋아.

죽어도 좋은 이 티 없는 마음을
누가 만들었을까.
죽도록 좋을 이 순결한 행복을
누가 주었을까.

너와 나의 천년 언약처럼
사랑도 그윽이 하얗게 눈이 쌓이네.
살랑, 사랑, 살랑, 사랑 마음이 익네.
군밤같이 통째로 사랑이 벌어지며 웃네.

싸락눈

싸락, 싸락,
쌀알, 쌀알,
눈에서 소리가 난다.

대낮처럼 환한 밤.
내 마음가지에
쌓이는 눈.

제사상에
고봉으로 올린
흰 입쌀밥.

설장雪葬

강물에
우리네 허이옇게 날려버린 사랑 같은
눈송이들이 빠져 죽고

하느님 밑같이 얼은
강물 위로
눈은 어쩌자고 쌓이기만 하는데

해마다 더위 먹은 듯
삼대 밭 같이 삼대 밭 같이
무턱대고 크던

그 짙푸른 사랑이사

고독한 사내의 가슴 속에
댓 찐 내처럼
새까맣게 타도록 남아 있어

〈
이제 우리들 땅들마저
다 하늘께로 밀어가 버리듯
찌-ㅇ 밤새도록 살을 깎는
저 얼음 깨지는 소리.

눈 오는 벌판에 서면
못 다한 사랑이라도
오래오래 살다갈 순네년아.

휘덮여오는 눈발이나 맞으며
그 칠칠한 머리채나
한번 희어 볼 것을

언 땅을 파고 깊디깊은 구렁 속에
너를 묻으면
하마 봄을 알리는 흙냄새는

천지를 휘덮는데

아-
가슴마다 눈사태지어 내리는
새벽녘까지
순네가 가꾸던 목화밭에는
덤석덤석 목화송이 지듯
눈이 내린다. 하얀 눈이 내린다.

설한풍雪寒風

 먹물 같은 밤길을 갈 때면 어디서 알고 나타났는지 동무가 되어주었다는 전설 같은 이야기가 많이 내려오는 멸종이 된 조선 호랑이입니다. 하늘의 썩은 동아줄을 타던 호랑이에서부터 민화 속에서는 담뱃대를 물고 아주 마음씨 좋은 아저씨로 앉아 있던 호랑이까지 동지섣달 설한풍만 불면 사나운 발톱으로 문을 긁으며 으르렁 댑니다. 싸락눈 때리는 소리입니다. 내 유년에는 창문을 흔드는 그 소리에 무서워서 잠을 설친 적도 있습니다. 할머니는 어쩌다 안방 문이 열리면 기겁을 하고 "호랑이 들어온다. 문 닫으라"고 야단쳤습니다. 늙어 풍 맞는 것도 겁나지만 한해가 다르게 추위를 타기 때문입니다. 외풍이 하도 심했던 우리 집의 아랫목은 밤이면 서로 차지하려는 자리다툼이 났습니다. 달콤한 곶감 하나를 던져주면 곧잘 넘어가던 호랑이도 말을 안 들었던 겨울밤입니다. 호랑이 꼬리처럼 바람꼬리가 깁니다. 동화 같던 옛날 옛날에는 조선의 어머니나 할머니들의 시인 같은 얘기를 들으며 저는 어린 시절을 크며 자랐습니다.

송구영신의 눈

지난 세월을 다 덮고
새 날을 맞이하듯 눈이 내린다.
송구영신의 눈이다.
눈에게도 오가는 세월의
남다른 섭섭함이 있는지
가던 발길을 멈추듯 뒤돌아본다.
묵혀 기다려온 세월인데
어이 쌓인 정이 없겠는가.
그 정을 마음에 두지 말고
춤추듯이 여기 풀어라.
흰, 흰 무명의 솜옷자락으로
아기를 감싸듯이
산에 들에 포근히 내려 쌓여라.

신처용가

차디찬 달빛에 젖는
섬돌 위의
흰 고무신 한 켤레.

다른 한 짝은 남이 볼세라
살짝 들어
얼은 님 모시듯 방안에 모셔놓은

휘영청 달이 너무 밝아
첫눈 내린 달밤이 밝아
맨살에 어깨 보이듯

죄 없이도 죄 있는 듯
섬돌 위에 불륜으로
사람보다 더 부끄러운

몇 문인지 모르는

하얀 고무신.

신혼의 눈

1
눈이 오는 걸 새색씨처럼
커튼 뒤에 숨어서 본다.
그이도 직장에서
무심한 듯 웃으며
눈 오는 걸 보고 있겠지.

2
햇솜의 이불처럼 폭신한 눈.
비밀이 없다니요.
둘이서 한 이불 속에서 뒹굴면
폭 싸안은 비밀이지요.

어머니

가시는 길 굶주리지 말라고
밥 한 숟가락 떠서
아기처럼 입에 물립니다.

소자와 어머니 사이에
죽은 자와 산자의
경계가 세워집니다.

38선보다 더 막혀 있고
만리장성보다 더 아득한
경계입니다.

그립고 보고파도
못 보고 넘는 마음 경계입니다.
이 몸 죽으면 풀릴까요.

눈물이

싸락눈처럼 얼었다
녹는다.

왕의 목련꽃 구경

콩으로 메주를 쑨다 해도
아무도 믿지 않는 세상이다.
한 왕조가 기울어
조선 오백년 사직이 무너졌다.
왕도 흙으로 돌아갔다.
답답하다, 답답하다 가슴을 쳤다.
매년 목련꽃 화사하게 필 때면
올해 농사를 가늠할 눈이
얼마나 왔는지 가늠한다며
꽃을 눈이라 하고
해토를 제일로 잘 아는 임금님이
왔다 간줄 모르게 시중을 잠행하여
꽃의 기색을 살피고 돌아갔다.
탄핵이 빗발치는 요상한 세상도 구경하고
궁중음악이 없으면 어떠랴.
목련꽃도 보고 또 보고 갔다.
좀 핑계면 어떻고 거짓이면 어떠랴

아마 이 임금님은
예쁜 거짓말은 죄가 안 되는
나처럼 시인이었나 보다.

에뛰드

이 시인은 내가 그 멀고먼
하늘나라에서 오는 것을 보고
겁도 없이 내리는 눈이란다.
겁도 없는 사람처럼 에뛰드란다.
무거운보다 가볍게 춤추며 오는 것이 좋긴 하지.
백설공주 같으니까.
연습이 없는 인생에
가볍게 사는 법을 일깨워 주려고 눈이 내리나
그대는 도통한 도사처럼
문밖까지 나와 나를 보고 웃는다.

유년의 눈

어머니!
소자는 어디 양식 한 톨 구할 수도 없고
그저 추위가 살갗을 에어
잘 기동할 수 없었던 겨울이 제일 싫었습니다.
가족들 모두가 곯았던 시절
푸짐히 내리는 눈을 보며
저 눈이 희디흰 쌀알이면 얼마나 좋을까.
남이 들을 새라 입속말로 중얼거리던
어머니의 간절한 모습이 떠올라
소자는 그저 하염없이 눈물 흘립니다.

이별의 방식

눈 오는 날에는 손꼽아 사랑하는 사람을 만나러 가듯
눈이 내리는 날에는 사랑했던 여인의 손도 떨치자.

아 슬퍼라. 희디흰 백지처럼 목련 꽃 피어 슬퍼라.
초록 잎도 돋지 않은 나무가 되었다며 이별을 하자.

그대 얼은 손 호호 입김으로 녹여주며
서로 원했던 아기 같은 눈사람 하나 만들 듯

사랑하기 때문에 당장 이별해도 좋은
세상에서 제일 아름답게 발길을 돌리자.

눈처럼 소복이 가슴에 담아두었던 천만 가지 언약도
하나라도 얼어 가슴 아프지 말고 조용히 사라지자.

하지만 참고 참았던 잊으라는 말 한 마디는 꼭 하자.
그러지 않으면 눈이 아주 장마로 와도 못 헤어질 테니까.

아무리 오랜 세월이 흘러도 겨울이면 눈이여 올 테지
눈이 내리면 떠오르는 아름답고 쓸쓸한 사랑을 하자.

첫눈

이 세상에는 '첫'으로 시작되는
이름이나 사물들이
눈 잎처럼 많지만
다 신선하거나 아름답지 않다.
추하고 더럽고 괴로운 것도 허다하다.
눈은 그 색 바탕부터가 희어서
순결하고 정결해 보인다.
내가 첫눈을 좋아하는 것은
나도 모르게 검어진
내 마음을 돌아보기 때문이다.
첫눈 오는 날 만나 결혼한 아내를
일생 첫눈처럼 하얗게 사랑하고자 한
마음이 아직도 여전한지
돌아보기 위해서다.
다른 이들도 내 마음 같이
그런 생각이 들 때가 있으리라.

첫눈서정

다른 것은 몰라도 애인과 같이
빨간 우산 지붕 아래서 맞는 눈이
그저, 그냥 좋은 것은 알겠다.

우산도 집 같아
우산도 둘만의 우주 같아
가쁜 숨 숨기며
가슴이 뛰는 것은 알겠다.

이 가벼운 데이트가
오리털 보푸라기로 와서는
햇솜의 이불로 앉는

저녁 눈 멎은 어스름이면
애인과 나는 살 섞으러
민박집에 들를 것이다.

들러서는 눈송이 같이,
눈송이 같이 소복소복 쌓아두었던
사랑을 쏟으리.

아주 따뜻한 구들목 찾아
눈, 눈, 눈을 털어주다
물, 물, 물로 출렁이다가
더러 한때는 감격의
이 세상에 다시없는 눈물도 흘리리.

첫눈의 기억

올해도 어김없이 첫눈이 내렸다.
내년도 내후년도 내후후년도…첫눈이 내릴 것이다.
첫눈은 시를 쓰게 만든다.
신문도 시를 쓰고 방송도 시를 쓰고 인터넷도 시를 쓴다.
인터넷에 실린 첫눈의 기억을
제목만 두서없이 시처럼 옮겨본다.

첫눈이 그린 그림
갑작스런 서울의 첫눈
첫눈의 기습
눈보라가 첫눈이라니
아이스맨처럼…연인과 팔짱도 끼고, 휴대폰에 담기도
게릴라 첫눈…찰나의 설국
친구야, 너와 함께 첫눈을 맞이하는 구나
해 떴는데…서울에 눈보라처럼 첫눈이

첫눈에 '인증샷' 찰칵

첫눈의 추상화

첫눈 오는 서울…우산 위로 눈이 폴폴-그 밑에 있는 연인들

첫눈이 펑펑…강냉이 튀김인가, 축포인가

기습 첫눈

과격한 첫눈-강한 바람

첫눈이 눈보라라-첫눈은 어떻게 내려 피는 걸까.

첫눈을 만난 행복한 커플-디지털 사진을 찍으며 풍경들을

화려한 첫눈-많이 왔나보다

첫눈 맞는 외국인

첫눈 내리는 도심 친구들아 눈보라가 무서워-친구 뒤에 숨은 아이

첫눈을 느껴봐-한 아이가 두 손을 내밀어 첫눈을 받고 있다.

첫눈을 기념하는 사진…. 연인들

서울 첫눈…삼각산 눈 맞는 삼각산만 내세우고….
삼각산만 오는 건지
　서울에 첫눈이 쏟아졌다…. 많이 내려 네티즌들 놀라
　빌딩 숲 사이로 내리는 첫눈
　엄마 첫눈이 와요
　서울 첫눈 맞죠?-살다보니 바쁜 일상에 잊어버렸는가.
　서울 첫눈 사진에는 모두들 웃는다. 첫눈은 웃게 만든다.
　가을과 겨울 사이, 서울 첫눈
　첫눈 내리는 고궁
　첫눈 가을 만나다, 월출산 단풍잎에 내리는 첫눈

내년에는 또 어떤 첫눈이 내릴까.
　각 매체들의 첫눈 표현은 무엇일까.
　그 첫눈에 나도 한 줄 달고 싶다.

"모두 은빛 춤추는 눈 세상"이라고.
눈 주시는 하늘나라에서는 다를지 몰라도
사람 사는 세상서 맞는 첫눈은
참 사람 사는 모양새로 내린다.

킬리만자로

아프리카에선 더 가질 것이 없다.
킬리만자로다.
저것 하나 그냥
도둑놈 소리 듣더라도
눈 딱 감고
엠보셀리 공원만한 보자기에
싸들고 도망쳤으면 싶다.
눈 점만 찍고 바라보는 산이어서
더욱 그러하다.
뜨거운 땅 아프리카가
흰 백설이 킬리만자로를
더욱 숭고하게 만든다.
하나님
이 땅의 어디든지
킬리만자로 어깨만큼
바벨탑처럼 흙을 쌓으면
눈을 주실 수 있는지요.

기도하게 만든다.
킬리만자로
희고 단순한 것 앞에서
나는 속수무책이다.
고봉으로 푼 어머니의 흰 쌀 밥
한 그릇 같은 산을
마음에 담으며
난생처음 바보처럼
텅 빈 마음으로 그냥 바라 볼뿐이다.

함박눈

깊은 밤 북의 산맥을
모피 장수 장돌뱅이 아버지처럼
등불 켜진 인가를 찾아
쓸쓸히 헤매며 넘는데
두고 온 여자의 정 때문인지
못 다한 사랑만큼
안기듯이 함박.
파묻듯이 함박.

흰 쌀밥

불효 소자
언 손으로 눈을 긁어모아
고봉밥을 만들어
이 아무런 연고 없는
허허한 만주벌에서
아버님은 묻고
고립무원으로 제사를 올립니다.
오늘은 너무 슬프게
깨끗하게 눈이 옵니다.
시가 아닌 시가 시이고
흰 쌀밥이 눈이라면 어떻습니까.

여적

눈 같은 그리움에 대한 단견

이제까지 눈을 노래한 시집으로는 세 권이나 된다. 내 두 번째 시집인 『고려의 눈보라』를 시작으로 다음에는 사랑을 주제로 한 연애시가 없던 시절에 명색이 시인이라면 연애든 뭐든 사랑을 노래한 시집도 한 권쯤 가지고 싶다는 마음이 일어 펴낸 『설연집』이 있다. 『고려의 눈보라』는 전혀 생각지도 않았는데 나온 시집이다. 눈과 우리 민족이 걸어온 아픈 역사를 대비하여 연작시 형태로 엮었다. 70년대 후반에 나는 연작시 형태의 시집을 가질 계획은 전혀 없었다. 그런데 출판사에서 시집도 내주고 인세도 준다 하여 그 유혹에 벗어나기 어려워 부랴부랴 갑자기 연작시로 시집을 만들게 되었다. 지금 읽어보면 호흡은 굵지만 거친 흔적이 한두 곳이 아니다. 『고려의 눈보라』가 연작시집이라면 『설연집』은 사행시집이다. 연시戀詩로 채워져 있다. 내가 낸 시집으로는 그중 아끼는 시집의 하나다. 그에 반해 이번에 내는 시집 『눈을 위한 에뛰드』는 우리가 흔히 얘기하는 보통 시로 이루어진 시집이다. 보통 시라는 용어가 마음에 안 들지만 적당한 용어를 찾지 못하겠다. 자유시라고 이름을 달자니 어느 시는 자유시가 아닌가 하는 생각이 들고 일반시라 하기는 맥이 풀리고 일생 시를 써왔으면서 이름 하나 제대로 못 다니 참 한심하다. 어쩌겠는가. 그저 그렇다.

  우선은 참 많이도 눈에 대한 시를 써왔다는 데 나 자신도 놀랐다. 『고려의 눈보라』 연작시집 속의 몇 편은 눈을 테마로 하지 않은 다른 시들이 들어있어 전체가 눈을 읊은 시집은 아니다. 엄밀히 말하면 제목이 『고려의 눈보라』로 달리고 또 제목이 이 시집을 대표할 수 있는 무게와 비중을 가져서 이렇게 붙였을 뿐이다. 오해가 없기를 바란다. 그러나 나머지 시집들은 다 눈으로 엮어진 시들이다. 그밖에 다른 시집 속에 들어 있는 눈에 대한 시들을 합치면 나는 눈에 대한 시를 그중 많이 써온 거 같다. 왜 그랬을까. 눈이 가진 차가운 속성 때문이 아닌가 싶다. 내 성질이 이성적이고 차갑고 냉정해선가. 그렇지는 않다. 젊었을 때는 눈보라처럼 미치게 휘몰아치는 급한 성질도 있었지만 그것도 간혹 어쩌다 뿐이었다. 그럼 무엇 때문인가.

나는 일생 마음속에 '녹지 않는 눈사람'을 가지고 살아온 시인이라는 생각이 든다. 녹지 않는 나만의 눈사람, 나무의 옹이처럼 마음속에 자리 잡은 나만의 눈사람의 신비한 비밀을 가진 시인이다. 이에 대한 신념은 나중에 털어놓고 앞에서 말한 두 권의 시집과 시들에 대한 것부터 짧게 기술하며 시작해보려 한다.『고려의 눈보라』는 시적 톤이 굵다. 반면『설연집』은 그 호흡이 눈처럼 가볍다. 가볍다는 말은 시가 매우 감정적이고 즉흥이라는 뜻도 지닌다. 마치 연애편지를 쓰듯 감정에 몰입되어 써갔던 기억이 지금도 생생하다. 1988년에『설연집』을 펴냈으니까. 오랜 세월이 흘렀지만 잊을 수 없다. 나는 그 시절 한 여자를 아프게 사랑하고 있었고 해서는 안 되는 그 사랑은 (두 사람에게는 다 같은 감정이었지만) 해서는 안 되는 사랑이 어디 있겠는가. 이성으로 잘 다스려지지 않는 것이 사랑이 아니겠는가. 그래서 사랑은 한없이 아름답기도 하지만 죄가 되기도 한다. 시가 되기도 하는 것이다.

  눈에 대한 세 번째 시집도 가벼운 것은 마찬가지다. 하늘하늘 날리는 눈 잎 같다. 무거운 이야기들도 다 가볍게 처리되어 있다. 내 서정시들이라 해서 일률적으로 다 가벼운 경쾌한 것은 아니지만 이번 시집은 홀가분하다는 느낌이 든다. 얼마나 즉흥적이었는가 하면 다음과 같은 시 구절이 한 예가 되리라. '밤눈'이라는 제목의 시다. 이 시의 부분을 발췌하면 "그녀가 내 집 문밖까지/ 왔다 간, 갔다 간 되돌아서서 떠난/발자국마다 밤눈이 쌓여/하얗게 지워졌네."가 있다. 위의 시에서 당연히 고쳐야할 구절은 '갔다 간'이다. '갔다'라는 과거를 나타내는 종결형 동사에 다시 갔다라는 과거가 되는 '간'의 중첩은 누가 읽어도 구문으로나 내용면에서나 어색하다.

우리글의 어문 구조에 중첩명사형으로 병술집, 솜틀집 같은 어색하지 않은 낱말도 있지만 좀 불편한 이 즉흥적인 묘사를 나는 그대로 두었다. 이런 구절도 시적 진실이 될 수 있겠다는 생각이 퍼뜩 스쳐서다. 그렇다면 '갔다 간'은 내 마음 심층부에서 갑자기 어떻게 올라왔으며 무슨 의미로 쓰인 것일까. 이 구절을 설명하기 전에 앞에 나와 있는 1행 '내 집 문밖까지는' 사실대로 표현하자면 '그녀의 집 문밖까지'여야 된다. 시속의 화자가 그녀가 아니라 내가 한 여자를 사랑했으므로 갔기 때문이다.

나는 중학교 2학년 무렵에 이성에 눈을 떴으니까 상당히 조숙했나보다. 그 무렵 남녀공학인 학교에 한 여학생이 전학을 왔었다. 부친이 주문진에 있는 농협은행의 지점장으로 발령 나서 온 아이였다. 농협은 큰

대로변에 있었고 그녀가 살던 사택은 길 건너 골목 공설운동장 옆에 자리한 적산가옥이었다. 나는 그녀를 보고 첫눈에 관심을 가지게 되고 가까이 하고픈 마음이 일었다. 사랑에 왜나 어떻게 가 어디 있는가. 사랑하는 마음이 일면 그저 사랑하는 거지. 아무튼 나만의 그런 무모한 사랑이었다. 그해 겨울 어디에도 밝힐 수 없는 내 마음처럼 눈이 내렸다. 내 집에도 그녀 집에도 늘 산 너머 저쪽이 궁금한 대관령이 있는 태백산맥에도 밤눈이 내렸다. 통금이 지나도록 눈은 내려쌓였다. 무슨 생각이었을까. 나는 인적이 끊긴 아무도 다니지 않는 통금의 눈이, 그녀 집 앞 공설운동장에 내리는 눈이 내 눈이라는 시적 상상이 일었고(나는 이런 것을 보아도 시인될 팔자였나 보다) 그 눈을 뭉쳐 눈사람을 만들어 그녀에게 내 마음을 알리자는 생각이 떠올랐다. 마치 통금이 된 운동장은 나만이 다닐 수 있는 성역 같은 것이었고(그 기쁨을 이루 말해 무엇하랴) 마침내는 그 영역에 내린 눈을 뭉쳐서 눈사람을 만들기 시작했다. 그 눈사람은 숯검정이의 눈도 귀도 입도 없는 순백의 내 마음 담은 눈사람이었다. 나는 그 눈사람을 그녀 집 대문 앞에 세워두고 집으로 돌아왔다. 그것은 내가 그녀를 사랑한다는 그리움이었다. 이 세상에 아무도 모르는 나만의 비밀이었다. 눈도 귀도 입도 없는 비밀이었다. 나는 일생 거짓말처럼 그 비밀 하나를 비밀이라고 옹이처럼 가슴에 박고 살아왔다. 비밀도 아닌 것을 비밀처럼 가슴에 박고 잊을 수 없는 것처럼 살아왔다. 그 눈사람이 언젠가는 옹이처럼 활활 타리라는 믿음 속의 그리움 하나로 목이 메며 살아왔다. 그 눈사람이 시적 진실로 표출된 것이 '갔다 간'이라는 구절이다. 갔다라는 행동이 수없이 가고 또 갔지만 끝나지 않고 다시 간 끝났으면서도 간 그리움이고 눈사람이다. 그러나 나와 그녀 사이에는 아무런 사연도 없었다. 이름자도 지금까지 모르고 있고 어디서 주문진 나룻가까지 굴러 들어왔는지 고향도 모르고 산다. 눈이다. 그저 눈일 뿐이다. 지금 그녀도 나처럼 늙었는지 아니면 죽었는지 아는 것이란 아무 것도 없다. 어떤 때는 간절히 이름을 부르고 그리움을 뱉고 싶으나 그럴 수도 없는 백지다. 내 시적 능력으로서는 더 이상 어떻게 풀고 만들 수도 없는 무능을 그대로 드러낸 이런 어구가 '갔다 간'이다. 이해가 되는지 잘 모르겠다. 이해가 되었으면 한다. 이번 시집의 제목을 『눈을 위한 에뛰드』로 단 의미도 그런 습작 같은 의미가 있었다. 나는 시 창작 행위에 있어 가능하면 연습이나 습작에 집중하고자 했다. 틀에 박힌 고정된 틀에서 벗어나고 싶은 마음의 미묘한 움직임이 있어서다. 새로운 세계를 꿈꾸고자 한다. 실패를 하더라도 그런 것이 시인의 자세가 아닌가.『눈을 위한 에뛰드』는 눈이라는 소재만 같은 시들을 모아놓은 시집일 수 있다. 아니 모아놓은 시집이다. 하지만 이런 형태의 시집도 연작시집이 될 수 있지 않을까 하는 생각도 든다. 이 일은 시간을 두고 좀 생각해 봐야겠다. 연작시집의 형태와 어디까지 규정해야 되는지를…. 나로서는 습작 같은 작은 시도다. 여기까지 글을 쓰고 보니 오래전에 새로운 시를 꿈꾸며 시도하다 실패 아닌 실패로 끝난 일들이 갑자기 떠오른다. 그 흔적들이 《문학과창작》에 시를 발표한 기억이 어슴푸레 떠오르니 찾아보면 어딘가에 있을 것이다. 일연이 쓴『삼국유사』의 불사佛事를 다룬 산문의 끝에 달은 게偈, 찬讚, 송頌들이 있다. 나는 이 형식이 '시 속의 시' 같은 의미가 되지 않을까 하여 새로운 시 형태로 발표한 시에 달았다. 또 시집『어머니의 물감상자』를 내면서 이 시편들이 들어 있는 시들을 출판사에 원고를 보내기도 했다. 그 후 시집이 나온 것을 들춰보니 게, 찬, 송이 다 사라져 버렸다. 이럴 수가 편집자에게 그 사연을 들어보니 본인이 시를 읽으며 필요 없다 생각되어 상의도 없이 자기 마음대로 없애버린 것이다. 이미 저질러진 일 누구를 탓하랴. 지금도 가끔은 이 시의 형식을 살려보지 못한 것이 아쉽다. 산문시를 쓰고 게, 찬, 송을 달면 좋지 않을까 하는 생각을 하지만 나는 너무 늙었다.

  내 나이가 어느새 벌써 여든 다섯이다. 분에 넘치게 많이 살았다. 평생 그리움 하나로 눈사람 만들듯 시를 연습처럼 써왔다. 순백의 눈사람에 눈도 달고 이목구비를 갖춘 눈사람 같은 사람을 만들려 하여 왔다. 아니 그렇게 살고 싶은 꿈에 젖어왔다. 그래서 여태까지도 눈사람 같은 그리움을 내치지 못하고 일생을 헤매며 아픈 사랑을 해 왔는지도 모르겠다. 이 시집을 내면서 이제 마음속의 눈사람 하고도 작별하려고 한다. 죽으면 그리움도 사라질 텐데 그리움을 가져 무얼 하겠는가. 잊고 자 하는, 잊는 허무가 해변을 홀로 거닐며 쓸쓸히 불던 휘파람처럼 가슴을 적신다. 시중市中에 돌아다니는 「그리움」이란 내 졸시 한 편을 소개하며 이 글을 맺는다.

  몇 천 마디 말을 하고 싶어도
  돌 같은 입이 되렵니다.
  캄캄 먹중 말 벙어리가가 되면
  살며시 그리움 하나 자라겠지요.

  텅 빈 하늘 끝에 걸린 그리움이

물처럼 소리 죽여 흘러가면 흐르는 대로
발길 잇는 대로 보내렵니다.

그 강물 언젠가는 기진맥진해서라도
이 세상 어딘가에 사는 그대의
발아래 닿아 그리웠노라 하겠지요.

예까지 오는 길이 그대 있어
와야만 했던 길이라고 속삭이겠지요.

그리움은 일생 내 가슴속에만 있어
누구에게도 내보일 수 없는 녹지 않는
순백의 눈사람 같은 것이구나.

지은이로부터 3

연습 아닌 연습

연습이 본 공연보다
더 좋은 경우를 종종 본다.
내 시도 그러하다.
기를 쓰고 명작을 남기겠다고
목에 힘을 주고 쓴 시는
다 어디를 가고 남는 건
마음의 허탈뿐이다.
또 기운을 빼고 쓴다고
다 명시가 되는 것이 아니다.
모든 게 자연으로 흘러야 한다.
이번 눈을 위한 에뛰드의
시는 정말 연습처럼 써보자고 했다.
그런데 연습이 쉬운 줄 알았는데
연습 아닌 연습이 되고 말았다.
그래서 더 허탈하다.

2025년
강水兄우식散人識

강우식

1941년 강원도 주문진 출생
1966년 《현대문학》으로 등단
시집 『白夜』 『시학교수』 『죽마고우』 『소이부답』 『주마간산』 『무심』
등 다수
성균관 대학교 시학교수 정년퇴임

나무시인선 004

눈을 위한 에뛰드

1쇄 발행일 | 2025년 07월 21일

지은이 | 강우식
펴낸이 | 윤영수
펴낸곳 | 문학나무
편집 기획 | 03085 서울 종로구 동숭4나길 28-1 예일하우스 301호
이메일 | mhnmoo@hanmail.net

출판등록 | 제312-2011-000064호 1991. 1. 5.
영업 마케팅부 | 전화 | 02-302-1250, 팩스 | 02-302-1251
ⓒ 강우식, 2025

값 13,000원
잘못된 책은 바꾸어 드립니다
지은이와 협의로 인지는 생략합니다
본 책은 저작자의 지적 재산으로서 무단 전재와 복제를 금합니다.
ISBN 979-11-5629-190-9 03810